Gudrun Monitzer

Von ganzem Herzen

Gedichte

FRIELING

Bibliografische Information der Deutschen Nationalbibliothek
Die Deutsche Nationalbibliothek verzeichnet diese Publikation in der Deutschen Nationalbibliografie;
detaillierte bibliografische Daten sind im Internet über http://dnb.d-nb.de abrufbar.

Eine Marke der Frieling & Huffmann GmbH & Co. KG
Rheinstraße 46, DE 12161 Berlin
Telefon: +49(0)30 / 76 69 99-0
www.frieling.de

ISBN 978-3-8280-3490-7
1. Auflage 2019
Umschlaggestaltung: Michael Reichmuth unter Verwendung eines Aquarells von Petra Monitzer

Printed in Germany

Widmung meines Gedichtbandes

Für meine Großeltern, Eltern, meine Schwester, Helena, Elisabeth, meine besten Freunde und Freundinnen, für Herrn/ Frau Dr. G. S., C. D., A. E., S. H., für Marshall B. Rosenberg und Katie Byron.

Und für alle Menschen, die mir auf meinem Lebensweg begegnet sind, die mir noch begegnen werden und die ich gern habe.

Und wieder ist sie da
diese tiefschwarze Einsamkeit
die Tränen unentbehrlich macht
nach ihnen schreit
manchmal genügt dann ein Blick hinauf
dort
wo es so hell leuchtet
in der Nacht
sie kühlt sich ab
wird erträglich
und bleibt
bitter

INHALTSVERZEICHNIS

Bedingungslos

Liebe
stellt keine Fragen
hat keine Antworten

Liebe
bindet
und lässt los

Ist
manchmal
stark
und überwältigend

manchmal
leicht
und befreiend

Manchmal ist sie
lustig
manchmal
traurig

Manchmal
dunkel
geheimnisvoll
manchmal
leuchtend
klar

Aber
immer
Liebe

Liebe prägt
und trägt
hinterlässt Spuren
aber keine Rillen

Liebe
sieht
manchmal viel
manchmal wenig

Manchmal
braucht sie
Nähe
manchmal
Ferne

Manchmal
Zweisamkeit
manchmal
Einsamkeit

Liebe ist immer einfach
ist nie kompliziert

Sie ist
was sie immer
war
ist
und bleibt
einfach
Liebe

In meiner größten Angst
habe ich im Meer
an meinen bleichen Fingerspitzen
Gold gefunden

Dreckarbeit – Gedanken zum Helfersyndrom

Diese kaputten Kinder
die zerrissenen
jeden Tag
herausziehen
aus dem Dreck
ihnen immer wieder
die Hand reichen
weil sie wieder
zurückmüssen
in den Dreck
Dreck
klebt schon
an meinen Händen
ich mag ihn irgendwie
vielleicht liebe ich ihn sogar
Was wären schon meine Hände
ohne diesen Dreck?

Wo die beiden Welten sich berühren

Ich
in meinem Universum
du
in deinem Universum
dort
wo die beiden Welten
sich berühren
sind wir glücklich
einen Moment lang
einen Augenblick
jetzt

Schnee möge fallen
und ganz nahe
an deinem Herzen
schmelzen

Liebesgedicht für R.

Deine wunderschönen dunklen Augen
ich sehe sie vor mir
Dein liebevoller Blick
ich spüre ihn in mir
Sie helfen mir
gut
durch den Tag zu
gehen
Mutig und stark
lebe ich
heute
jetzt

Für meine Freundin S.

Ich bin so gerne in deiner Nähe,
deine Anwesenheit,
dein ruhiges Wesen,
das klare, langsame Sprechen,
deine Zurückhaltung
sind ganz
im Widerspruch
zu meinem spontanen, impulsiven
Wesen
und den Wörtern,
die oft
aus meinem Mund
sprudeln,
meine Gedanken,
die hin und her springen,
danke, S.,
für deine Geduld mit mir

Glücksstrahlen

Ognuno sta solo
sul cuore della terra
traffitto da un raggio di sole
ed è subito sera
Salvatore Quasimodo

Heute treffen mich viele Sonnenstrahlen,
viele wärmende, Glück bringende Strahlen,
denn ich strahle heute selber
vor Glück,
dieses einfache, unschuldige, kindliche
Glück,
das mich erfüllt,
wenn ich in der Natur bin;
die Freude über die ersten Leberblümchen,
die ersten Schneeflocken
des Jahres;
in der Natur
bin ich glücklich,
alles ist leicht, fröhlich
und beschwingt;
das gleiche Glück,
das ich empfinde,
weil ich mich selber liebe,
weil ich glücklich und fröhlich bin,
geborgen,
in mir selbst ruhe;
das gleiche Glück,
das ich empfinde,
wenn ich dir
offen, vertrauensvoll, kindlich
sage,
dass ich dich liebe

Für meine Freundin B.

Deine schönen blauen Augen,
die zarte, weiße Haut,
ich mag dich sehr für deine authentische,
ehrliche Art;
oft hast du mich dabei verletzt –
natürlich nicht bewusst,
das unterstelle ich dir nicht,
vielleicht konntest du nicht anders –
ich hab es dir dann
später gesagt;
heute kannst du mich
nicht mehr verletzen,
denn ich lasse es nicht mehr zu;
danke für deine Offenheit
und Ehrlichkeit, B.
Gudrun

„Dicke Haut“

Dicke Haut,
was ist das?

Ich liebe meine Haut,
wenn sie dünn ist,
zart und verletzlich,
wenn sie
Schwingungen spürt,
die von anderen Menschen
ausgehen,
die ihr bestimmt
nicht immer guttun;
und wie sie es dann doch
immer wieder schafft,
mich zu schützen,
mir die Geborgenheit
zu geben,
die ich so gern
spüre;
die Geborgenheit
in meinem Wesen,
in mir,
weil ich mich selbst
nach schwerer, mühevoller Arbeit
liebe,
so, wie ich bin,
zart,
stark,
kritisch,
mitfühlend,

manchmal
auch hart,
verständnislos,
sehr verletzt
und bestimmt auch manchmal
verletzend,
weil zu spontan ehrlich,
aber
immer ich

Gudrun,
ich
mag dich
manchmal nicht besonders,
aber immer öfter
auch
sehr

Für meinen Freund W.

Mit dir zusammen zu sein,
ist bestimmt
nicht immer leicht;
was ich an dir mag:
den Mut,
auch deine weibliche Seite
zu leben,
offen,
kritisch,
an allem
interessiert;
die Art, wie du zu mir kommst,
wenn es mir sehr schlecht geht,
auch dann für mich da bist

Als deine Nähe
einmal fast unerträglich war –
das hat nur wenig mit dir zu tun,
vielmehr mit der ungewollten
und nicht selbst gewählten,
zu großen,
grenzüberschreitenden,
respektlosen,
körperlichen Nähe
eines Mannes,
den ich damals,
als junges Mädchen,
geliebt habe
und auch heute noch liebe;
da es ihn nicht mehr gibt,
konnte ich dir das sagen

Wir haben darüber geredet,
du hast mich
in den Arm genommen,
freundschaftlich,
und es war
gut

Für P.

Ich denke noch
manchmal an dich,
denke dabei,
dass ich dich
geliebt habe;
ich habe es versucht,
bitte glaube mir,
aber in Wahrheit
habe ich dich nicht geliebt,
sondern einen
sehr wichtigen Menschen
in dir
einen meiner Lebensmenschen,
den ich sehr bewundere
für seine Vitalität,
seine Fröhlichkeit,
seinen starken Willen,
seine Wahrheitsliebe,
den Mut, seine Meinung
zu sagen und zu vertreten.

All diese Tugenden
hab ich
von ihm geerbt,
du hast mich vielleicht
auch geliebt,
auf deine Art,
aber auf eine Art,

die für mich
nicht als Liebe
anzunehmen war
und nicht genug

Gudrun

Für M und S

Du weißt,
dass ich dich liebe,
aber manchmal
ist diese Liebe
nicht ganz einfach
für mich
und wahrscheinlich
auch für dich
auszuhalten,
weil mich deine Lebensängste
leider
immer noch verunsichern,
einengen,
mir die Luft nehmen;
ich habe oft
nicht den Mut,
es dir zu sagen,
weil ich Angst habe,
dich zu verletzen,
und ich dann
mit deinen Tränen
nicht umgehen
kann,
mich schuldig fühle;
oft habe ich mich
auch schuldig
gefühlt,
wenn du krank warst
und ich gesund,
weil es mich traurig macht
und schuldig;

ich will dir
keinen Kummer machen;
bitte
lass mich mein Leben leben,
ich habe keine Zeit und Lust mehr,
Lebensängste
zu haben;
ich bin stark,
weil ich keine Angst
vor meinen Gefühlen,
meiner Offenheit
und meiner Verletzlichkeit
mehr habe;
bitte akzeptiere,
dass es auch Menschen gibt,
die in meinem heutigen Leben
wichtiger sind als du
und die mir manchmal
eben besser
helfen können;
ich liebe dich,
ich bin für mein Leben
verantwortlich
und du für deines;
ich für mein Glück
und du
für deines
Deine Gudrun

Für Pe

Ich liebe dich,
wie ein Schmetterling
einen Baumstamm liebt,
einen Ast, eine Blume;
sie geben ihm Halt,
er darf – ohne Angst –
darauf verweilen,
sich kurz ausruhen,
trinken,
sich erholen,
weil er weiß,
dass er auch wieder
losgelassen wird
und die Kraft hat,
weiterzufliegen,
in die flirrende, wärmende
Sommersonne
und manchmal auch,
und wenn seine Zeit
gekommen ist,
in den Himmel

Danke
Deine Schwester

An die Birke

(sie ist mein Lieblingsbaum)

Dein wunderschön gezeichneter Stamm
biegsam, aber nicht beugsam,
kann schwere Lasten tragen,
Schnee, Eis, Regen

Deine Äste brechen nicht so leicht,
widerstehen auch einem starken
Windstoß,
stehen immer wieder auf

Deine zarten, hellgrünen Blätter,
sie sprießen, flirren und bewegen sich ganz leicht
im Luftzug;
du erinnerst mich
an mich

Danke, liebe Birke, dass es dich gibt;
vielleicht werde ich einmal
von deinem Saft
kosten …

Für meine Freundin P.

Von Beginn an
habe ich mich
in deiner Nähe wohlgefühlt;
wohl viel – vielleicht zu viel –
von meinem Kummer
bei dir und auf dich
abgeladen,
weil mein Herz fühlte
und mein Verstand
wusste,
dass du ihn tragen kannst,
dass du ihn nicht
„nach außen“ tragen würdest,
ihn bei dir behalten wirst,
denn dort ist er gut aufgehoben
und verwandelt sich
von Kummer
in Freude

Für S.

Wenn ich in dein
zerfurchtes, verhärmtes,
verbittertes Gesicht schaue,
macht mich das traurig

Du weißt vielleicht nicht,
wie willensstark,
durchsetzungskräftig
und hartnäckig,
auch klug, lustig und lebenserfahren
du bist;
Eigenschaften,
von denen ich einige
leider nie hatte
und um die ich dich jahrelang
beneidet habe

Eine Zeit lang war ich dir ähnlich,
frustriert und unzufrieden
mit meinem Leben

Ich habe aber immer gewusst,
dass ich nie so
auf mein Leben
zurückschauen möchte
und habe mir deshalb
an der richtigen Stelle
und bei den richtigen Menschen
Hilfe geholt

Nun bitte ich dich,
was ich schon sehr oft getan habe,
lass dir helfen,
denn du bist auch ein Mensch,
der mir schon öfter
geholfen hat,
indem er einfach da war,
mir zugehört hat
und versucht hat, mich zu trösten
und aufzurichten

Ich weiß, und das macht mich traurig
und leider immer noch
ein bisschen wütend,
dass du es nicht tun wirst,
deshalb vergib mir,
wenn ich von dir Abstand nehme
und brauche

Denn ich umgebe mich heute,
wenn ich wählen kann,
nicht mehr mit Menschen,
die mir schaden
und nicht guttun

In Aufrichtigkeit
Deine Gudrun

Weißt du eigentlich …

Wie laut Stille
sein kann,
wie heilsam
und schmerzhaft
Ruhe,
wie wohltuend
und zerstörerisch
Nähe,
wie klärend
Reden
und zermürbend
Schweigen,
wie heilsam
ein Lächeln,
wie befreiend
ein Lachen,
wie heilend
Tränen
und wie stark
Vertrauen,
wie wohltuend
Einsamkeit,
wie zerstörerisch
und zermürbend
Unzufriedenheit,
wie trügerisch
Frieden,
wie trennend
Verbindung,
wie verbindend
manchmal
Trennung,

wie heilsam
manchmal
ein Streit
und die Harmonie
danach?

VERTRAUEN

Meine Schutzhülle –
manchmal umgibt sie mich,
schwingend,
elastisch,
fast tanzend,
mit lauter
bunten Herzen

Manchmal
zerfließt sie
in alle Richtungen
oder lässt sich
aus Angst
zerfetzen

Manchmal hat sie
unregelmäßige
große und kleine Löcher

Manchmal
ist sie
eine Pyramide
aus Glas
mit scharfen
Kanten

Manchmal
verstärke ich sie,
sodass sie
beinahe aus Mauern
besteht

Manchmal
ist sie
ein Kokon,
in dem ich mich
geschützt, heimelig,
warm und sicher
fühle

Nur bei dir
spüre ich sie nicht,
weil ich sie
nicht brauche

Für meinen Freund E.

Hab
gerade versucht
ein Gedicht
über dich
zu schreiben

Aber die Worte
wollen nicht kommen
meine Hand
versagt

Vielleicht
genügt es einfach
dass du da bist
dass du lebst
dass es dich
für mich
gibt

Verletzungen heilen

Schläge
verletzen
Grobheiten
verletzen
Ausgrenzung
verletzt
Ablehnung
verletzt
Gemeinheiten
verletzen

Auch Liebe
verletzt
manchmal

Am meisten
verletzen
können
jedoch
Worte

Aber sie können
auch
sehr schnell
wenn man sich
darum bemüht
wieder
heilen

Etikette vs. Authentizität
Unpersönlich vs. persönlich

Was man bei so einem Anlass sagt,
wie man sich in so einer Situation verhält,
wie man sich in solchen Kreisen bewegt,
wie man sich Fremden gegenüber benimmt,
wie man einem hilft,
wie man ankommt,
wie man wirkt,
was man jetzt und dann tut

Ich weiß es nicht;
ich weiß nur,
wie ich wirke,
was ich sage,
wie ich mich benehme,
wie ich mir oder anderen helfe,
was ich fühle,
was ich denke,
wie ich mich
in bestimmten Situationen verhalte

Ich kann „man“ sein,
mich benehmen, wie
„man sich benimmt“;
tun, was
„man“ in dieser und jener Situation tut;
sagen, was
„man“ bei jenen Anlässen sagt,
wenn ich es kann will und brauche

Manchmal –
immer öfter –
fühle, denke und handle,
wirke und verhalte
ich mich genau so,
wie ich es kann,
will und brauche

AUTHENTIZITÄT

Angst
vor Menschen,
vor Situationen,
die mich
überfordern,
denen zu stellen,
ich mich nicht traue,
schnürt mir
die Kehle zu

Die Freiheit,
mich
aus Situationen
von Menschen
zu befreien,
abzugrenzen
oder –
wenn es geht,
wenn ich die Kraft dafür habe –
sie auszuhalten,
erlöst, lockert und befreit
meine zugeschnürte Kehle

Mein Hals-Chakra
beginnt zu arbeiten,
zu schwingen,
in klarem
Indigoblau
zu leuchten
und zu strahlen

Per la farfalla di nome Gudrun

Wie oft
habe ich
Schmetterlinge
beneidet

Heute nicht mehr,
denn
wenn ich möchte,
kann ich
ein Schmetterling sein,
fliegen, wohin
ich möchte
und mein Herz
mich trägt

Verweilen,
wo und wie lange
es mir guttut

Flieg,
Schmetterling

Vertrauen II

In deiner Nähe
kann ich mir
alles vorstellen

In deiner Nähe
bin ich
zu allem bereit

In deiner Nähe
habe ich
keine Angst
vor Unzulänglichkeiten und
Unsicherheiten

In deiner Nähe
kann ich mir vorstellen,
gut zu leben

Und es wäre
bestimmt schön,
in deiner Nähe,
in deinen Armen
zu sterben

Mensch – Glaube – Religion

In einem Buch mit dem Titel „Die Lachfalten Gottes" habe ich eine Stelle gelesen, die mich berührt und zum Nachdenken, Suchen und Philosophieren angeregt hat.

Ein kleiner Bub wird gefragt: „Du sagst, du glaubst an Gott, warum trägst du dann kein Kreuz an deinem Hals?"

Worauf das Kind antwortet: „Jesus ist mein bester Freund und ich will doch nicht, dass mein bester Freund am Kreuz stirbt!"

Mit der Frage nach dem Lebenssinn geht der Buddhismus ganz anders um als das Christentum, wo Leid ertragen, erlitten, auf sich genommen und überwunden werden kann und muss, oftmals auch um glücklich zu sein. Liebe und Leid sind also in der katholischen Religion eng miteinander verbunden.

In der buddhistischen Weltanschauung hingegen wird Leid vermieden. Meine tiefste Überzeugung ist, dass die größte Liebe auf Erden die Selbstliebe ist. Denn wenn jeder Mensch glücklich ist und sich selbst liebt, kann er auch andere glücklich machen, dann gibt es weder Streit noch Diebstahl, Mord, Hass, Neid, Eifersucht oder Krieg.

Das Lebensmotto der Mutter einer Freundin war: „Wenn jeder auf sich schaug, is auf alle gschaug."

Im Buddhismus sind Liebe, Mitgefühl (nicht Mitleid) und vollkommene Entspannung die höchste Form des glücklichen Daseins und inneren Friedens.

Ich war auch schon glücklich und gerührt bei einer Osterfeier, beim Anblick des Auferstandenen oder des kleinen Kindes in der Krippe, unter guten Freunden, beim Spazierengehen, Beten etc.

Ein anderes Glück:

Besonders frei und entspannt
fühle ich mich in den Stunden,
in denen ich mit mir selbst
voller Ehrlichkeit,
Aufrichtigkeit und Mitgefühl
rede – Leid brauche ich dann nicht und hat keinen Platz,
keine Wichtigkeit –
nur dann spüre ich mich so intensiv,
empfinde so tief,
fühle mich so leicht,
frei und glücklich

(Anm.: Ich bin immer noch Katholikin, nicht zum Buddhismus konvertiert, beschäftige mich aber damit und praktiziere Yoga und Meditation, arbeite mit Chakren, ganzheitlichen und energetischen, sehr heilsamen Methoden.)

„Du hast die Kraft ana Löwin, doch du treibst so wia a Segl im Wind“

(Aus: Peter Cornelius: „Segel im Wind“)

Die Löwin
in mir
spüre ich oft
sehr stark

Manchmal
wird sie mir
beinahe gefährlich,
die Löwin in mir

Weil sie sich hin und wieder
unter gewissen Umständen
fast dazu
verleiten lässt,
sich selbst
aufzufressen

Dann aber
besinne ich mich auf die
tragfähigen, strapazierbaren
Segel
an meinem Boot
und segle dorthin,
wo ich vor der Löwin
sicher bin

Transzendenz

Nur einmal
habe ich bei einer Frau,
die ich sofort
nach fast dreißig Jahren
wiedererkannt habe
an ihren Augen.

Nur einmal habe ich,
durfte ich
leuchtende Augen,
überirdisch leuchtende Augen,
sehen;
Augen, so hell und lebendig,
von starkem Gottvertrauen
erfüllt;
sie haben mich berührt,
gerührt,
fasziniert

Die Frau
hat mich angesteckt

Für m. P.

Es tut mir so gut,
die Stärken
deiner Persönlichkeit,
nun auch so stark,
so befreiend,
so hilfreich und heilsam
in mir zu fühlen;
sie nicht mehr
– unbewusst –
ablehnen zu müssen –
die Gründe dafür
kenne ich sehr gut –

Nun kann ich mich
ohne „schlechtes Gewissen" –
das hast bestimmt nicht du
mir „eingeredet" –
als ganzer Mensch
fühlen,
kann sie bewusst wahrnehmen,
mich stark,
wahrheitsliebend,
aufrecht und einfühlsam
durchs Leben bewegen
in wunderbarem Einklang
mit meinem Wesen –
Danke.
Deine Tochter

An das Leben

Wie gerne
erlebe ich
all deine
Höhen und Tiefen

Meine Liebe zu dir und zu mir
ist inzwischen
so stark und tragfähig,
dass es Tiefen
nicht mehr schaffen,
so tief zu werden,
dass sie mir sehr schaden
und mich jeglicher Kraft
berauben

Auch Höhen erlebe und genieße ich
inzwischen bewusst,
manchmal gewiss auch
euphorisch;
aber die Euphorie
schafft es nicht mehr,
mich emotional so zu überfordern,
wie auch Trauer und Verzweiflung

Meine Lebenswellen tragen mich
sanft, bewegt, fröhlich, genussvoll
weiter
in dauerhaftem,
manchmal kleinem,
manchmal großem
Glück,
und jeden Tag
dankbar

Weltverbesserer

Die Welt
kann ich
nicht retten;
ein jüdisches Sprichwort
sagt:
„Wer ein Menschenleben rettet,
der rettet die ganze Welt.“

Ich habe
noch keinem Menschen
das Leben gerettet,
aber
ich habe
mich selbst gerettet
aus übertriebener Anpassung
vor übergroßer lähmender Angst,
vor dem Bedürfnis,
um jeden Preis
anerkannt zu werden
und geliebt

Ich verbiege,
verleugne,
verstecke mich
nicht länger

Ich liebe,
anerkenne,
respektiere
mich selbst;
tue alles dafür,

dass ich
glücklich bin
und in mir ruhe

Dann verspüre ich
keine Angst mehr;
dann ist
mein Lächeln echt,
meine Hilfsbereitschaft ehrlich;
dann bin ich
ich
und strahle von innen

Das ist mein Beitrag
zu einer besseren Welt

Uppsala

Heind
Bin ig
Wiedar emål
Eftar
Ibar
Mi salbar
Gstolpart

Guat
Dass meine Haxe
Stårch sei
Und nicht
Påssiart isch
S'nägschte mål
Schaug ig
Dass ig it aso(u)
Oft stolpar
Vielleicht
Schåff ig's
Und
Wenn it
Bin a mer
O(u) it
Fescht beas
Dar Tåg
Weart kemme
Wo(u)'s
Ohne
Stolpare
Geat

Transkription Schriftdeutsch

Heute bin ich wieder einmal
über mich selbst gestolpert;
zum Glück sind meine Beine stark
und es ist nichts passiert;
das nächste Mal versuche ich,
nicht so oft zu stolpern

Vielleicht
schaffe ich es,
und wenn nicht,
dann bin ich auch nicht sehr böse auf mich;
der Tag wird kommen, an dem es ohne Stolpern
geht …

Festlegung

Du hast gesagt,
ich lasse mich
nicht gern
festlegen

Ich sage,
ich lasse mich
nicht gern
festnageln

Ich lasse mich
festlegen,
wenn ich einen Sinn
darin sehe
und es brauche

Dann
lege ich mich selber fest.
Helfe ich dir so?

VERG-LEICHE

(Anm.: Der Bindestrich ist kein Tippfehler, sondern bewusst gesetzt)

Ich wollte wie Orpheus singen …
Dann sang ich
wie ich
und mein Gesang
gefiel mir
ebenso gut

Fesseln sprengen

Darin habe ich
inzwischen
eine – zweifelhafte – Meisterschaft
entwickelt

Heute brauche ich
sie nicht mehr,
denn ich habe
keine Fesseln

Selbst-Erfahrung

Ist manchmal
bitter,
manchmal
hart,
manchmal
aber
so befreiend;
befriedigend,
erlösend
und der
einzige Weg
zu dauerhaftem
innerem Frieden,
zu dauerhaftem
Glück

Ich bin ihn gegangen,
ich habe sie mir
errungen,
dauerhaften
inneren
Frieden,
wohltuende
Selbstliebe

Ich weiß,
wovon ich spreche

Ich bin glücklich

Für J.

Ich kenne
kaum
einen Menschen,
der so lebt
wie du;
konsequent,
verletzlich,
geerdet,
überzeugend,
mitfühlend

Ich habe
viel
von dir gelernt
und lebe jetzt –
wenn auch
noch nicht immer –
genauso

„Verstrickung"

Åche
Aue
Umme
Hea
O(u)be do(u)be
Unte dunte
Heind
Bin ig
Irgndwo(u)
Mittltdrei
Åbar
Båld nimme
In Himml
Sei Dånk

(Transkription Schriftdeutsch)
Hinunter,
hinauf
hin,
her,
oben, droben,
unten, drunten;
heute
bin ich
irgendwo,
mittendrin,
aber
bald
nicht mehr,
dem Himmel
sei Dank

MeToo

An Nina Proll

Ich hätte –
gerade weil ich
eine „Betroffene“ bin –
allen Grund,
Hass-
und Rachegefühle
zu haben;
vielleicht hatte ich sie
auch mal;
nein,
es waren
wohl eher
Angstgefühle

Heute
habe ich sie
nicht mehr

Du bist –
ich bin –
eine selbst-bewusste
starke Frau

„DEPRE-TAG“ auf Tirolerisch

Wås
Isch'n heind lo(u)s
Heind
Woaß ig
Går it
Wås ig will
In liabschte n alls
Auf uemal

I mag it emal auschtia
Woasch was
Heint tua ig emal
Uefåch
Gar nicht
Obar
Dar Battlar
Und d' Putzfrau
Håbe heind frei
Iatz wear ig eppe
Dächt
Eppes tia
Möige
Miaße …

Transkription Schriftdeutsch

Was ist denn heute los?
Heute weiß ich überhaupt nicht, was ich will;
am liebsten alles auf einmal

Ich hab nicht mal Lust aufzustehen,
also heute tu ich einfach mal gar nichts;
nur leider haben der Butler
und die Putzfrau
heute frei,
deshalb werde ich
wohl oder übel
doch irgendetwas tun
mögen …
müssen

Für G. und S.

Wie oft
hat man mir gesagt,
ich sei wie du;
helfe jedem,
wenn er Probleme hat,
habe ein gutes großes Herz
für Menschen

Man könne immer
zu mir kommen,
ich urteile nicht über Menschen,
könne gut zuhören,
Menschen fühlen sich von mir
ernst genommen,
wahrgenommen,
weil ich Dinge,
die sie mir erzählen,
wahrnehme
und sie im Gedächtnis behalte

Ihr habt mir gesagt,
ich sehe Menschen an,
als ob ich sie
schon ewig kennen würde;
ich habe eine gute Menschenkenntnis –
was auch wirklich stimmt

Nur eines hatte ich dabei
vergessen;
ein gutes großes Herz
auch für mich selbst
zu haben

Heute habe ich es
und es macht mir nichts aus,
wenn Menschen sagen,
ich sei wie du,
denn ich weiß,
ich bin wie F und S;
und das Wichtigste:
Ich bin wie ich

Weil ich ich bin

Ein Freund hat einmal
zu mir gesagt: „You have a good heart
for people –
und etwas ganz Wichtiges:
You just need a little more
self-confidence …
Respect yourself and others
will respect you."

Das hat mir
sehr geholfen
und dass er mir,
als wir uns
nach einigen Jahren
wiedertrafen,
gesagt hat,
er freue sich,
mich zu sehen,
weil er mich nun
viel selbstbewusster
und sicherer, klarer
erlebe

Er meinte:
„I wanna see
your success."

Äußere „Erfolge",
Statussymbole
haben mir nie
viel bedeutet

Der größte Erfolg
meines Lebens
ist das Bewusstsein,
die Erfahrung,
glücklich zu sein,
weil ich ich bin

Bedingungslos II

Liebe in Poesie und Realität

Ist Liebe bedingungslos?
Stellt Liebe Bedingungen?
Darf Liebe Bedingungen
stellen?

Stellen wir uns nicht
jeden Tag
gegenseitig
Bedingungen?

Nicht
Bedingungen,
wie sie
in einem Vertrag
fixiert werden
und von
beiden Vertragspartnern
unterzeichnet

Wohl subtiler,
nicht immer gleich
als solche
erkennbar

Wir
stellen uns
Bedingungen
in Worten und
in unserem Verhalten

Stellt
Liebe
Bedingungen?

Oder
tut das
Macht?

Tun das
unsere Verlassensängste
unsere Verlustängste
unsere Bedürftigkeiten
nach Anerkennung,
nach Sicherheit
und Geborgenheit?

Ich weiß nicht,
ob ich das
jemals –
dauerhaft –
erfahren werde
und wissen

Bedingungs-los
…
???

Liebe
…
???

Ge-braucht

Für meinen Freund E.

„Ich brauche dich so …“,
hast du gesagt

Ich brauche
es nicht unbedingt,
gebraucht
zu werden

Und doch
wünsche ich es mir sehr;
ich glaube,
auch ich brauche dich

Brauche
deine mentale Stärke,
deine körperliche
und geistige Nähe,
deine Lebenserfahrung,
dein Lächeln,
deinen trockenen Humor

Brauche ich dich?
Ich weiß es nicht;
ich weiß nur,
ich vermisse dich

Ich weiß,
im Moment
gibt es

einen Menschen,
der dich viel mehr braucht
als ich,
weil er alt ist
und gebrechlich
im Abend seines Lebens

Das verstehe
und akzeptiere ich

Ich hoffe nur sehr,
dass danach
du mir wieder erlaubst,
dich zu brauchen,
und mir die Freude
machst

Dass du
mich brauchst

Deine Gudrun

Für Joan Baez

Jemand hat mir einmal
voller Bewunderung
gesagt,
dass ich singe
wie du

Ich weiß,
ich singe
wie ich

Aber
ich bewundere dich
für deinen Mut,
beeindruckende Friedenslieder
zu singen

So viele Ähnlichkeiten
sehe ich
zwischen dir und mir

Du hast dich
wegen deiner Hautfarbe
oft als Außenseiterin
gefühlt

Ich mich auch,
in einem Dorf,
umgeben
von engstirnigen Menschen,
da mein
Vater
auch ein Tiroler ist,

aber eben
aus einem
anderen Tal,
ein sogenannter
„Zugereister“,
wie es bei uns heißt

Auch ich habe
gerade wegen dieser Erfahrungen
immer ein Herz gehabt
für alle
Menschen,
habe selbst
Freundinnen
und Freunde
mit anderen Religionen
aus anderen Kulturkreisen

Wir sollen
angeblich alle
Vorurteile haben;
ich habe es einmal
gewagt
zu sagen,
dass ich keine habe

Das hat mir niemand
geglaubt,
aber es stimmt;
ich habe in meiner Arbeit
so viele Menschen getroffen,
mit Menschen
zusammengearbeitet,
die eine andere Hautfarbe,

einen anderen Glauben,
eine andere Kultur mitbrachten,
habe das stets als Geschenk
betrachtet

Und deshalb
habe ich
keine Vor-Urteile
mehr

Bitte und Dank ans Universum

Löse auf
alle Verstrickungen, Verirrungen,
Verkrampfungen, Anhaftungen,
Verwirrungen, Verknotungen;
ich weiß, du kannst das;
so oft schon hast du es getan;
ich vertraue auf dich

Danke, liebes Universum!

An H. und L.

Ich erlaube euch nicht mehr –
nie wieder –,
mich auszurauben;
ihr tut mir leid
und ich vergebe euch
und mir,
das hilft immer
und wirkt

Mensch sein

Mensch sein,
glücklich sein,
auch mal übermütig sein,
Plaudertasche und Sinniererin,
fröhlich und ernsthaft

Wenn ich sein will
auch mal
tragisch traurig,
sehnsüchtig,
verträumt,
schutzbedürftig und bedürftig,
nach Anerkennung
Liebe

Mich wohlfühlen
bei dir,
bei mir

An J.

Den Boden,
den Halt,
den du bei mir suchtest,
kann und
will ich
dir nicht geben

Nicht weil du mir
den Boden unter meinen Füßen
wegziehst,
nein

Ich will nicht mehr
Boden und Halt sein
für andere,
nur
für mich

BILDUNG
GESELLSCHAFTLICHER RANG
ANSEHEN

Ihr meint immer
Bildung und gesellschaftlicher Rang
seien so wichtig,
dabei haben sie
in Wahrheit wenig
mit Niveau zu tun

Ich habe Akademiker –
sogenannte gebildete Menschen –
kennengelernt,
die ein so ekelhaft primitives Verhalten hatten,
und Menschen, die sich
aufgrund ihrer
angeblichen Bildung
so über andere stellten,
andere so erniedrigten,
dass ich mich fragte,
was das mit Bildung
zu tun hat
und wo dabei die Herzensbildung bleibt

Und ich habe einfache Menschen
gesehen und getroffen,
die vielleicht in der Gesellschaft
keinen besonderen Rang
und Namen
hatten,
sich nicht rühmen konnten
mit Magister oder Magister Artium
oder Dr. Dr. Dr. h. c,

Hofrat, Bachelor of Arts
or of whatever
und doch ein erstaunliches Wissen,
eine wunderbare Herzensbildung,
einen großen Erfahrungsschatz
besaßen,
sodass sie
es nicht nötig hatten,
andere abzuwerten,
gering zu schätzen,
sich an ihnen zu messen,
andere dumm zu nennen
oder nicht besonders gescheit

Wie spürt man
Intelligenz?
Auch Intelligenz
lässt sich spüren;
wenn du einem Menschen
in die Augen schaust,
dich auf einen Menschen
einlässt,
ihn so spürst und seine Nähe so gut,
ganz aufmerksam
fokussierst,
aufnimmst,
wahrnimmst

Dann spürst du
keine Wand;
du spürst die Unendlichkeit,
die Weite,
die keine Grenzen erlaubt,
keine Grenzen braucht

Wie oft habe ich
gesehen,
wie auf Grabsteinen
sämtliche Titel und „Orden“
aufgezählt wurden

Bitte
gebt mir keinen solchen Grabstein;
verstreut
meine Asche in den Wind

Schreibt nicht mal
meinen Namen darauf,
lasst meinen Namen
vom Wind vertragen werden

EINES MEINER LIEBLINGSLIEDER IST:
„DUST IN THE WIND“:
ALL WE ARE IS DUST IN THE WIND

Spielt und singt mir das bitte,
wenn ihr euch von mir
in dieser Welt
verabschiedet

Ich danke euch!

Heute schon gelebt?

Heute
schon gelebt?

Oder
nur funktioniert?

Nichts Echtes,
Wahres
gesehen,
gespürt

Nur geträumt,
nicht gelebt
Träume
nur geträumt,
nicht gelebt
nicht verwirklicht

Ich lasse mich
nicht mehr aufhalten,
stoppen
von Dingen,
Menschen,
Situationen,
die mir
nicht guttun

Ich halte mich auf,
stoppe mich
in Situationen,
bei Menschen;
schütze mich

vor Situationen,
vor Menschen,
die mir
nicht guttun

Befreie mich
aus inneren Gefängnissen,
stelle mich meinen Ängsten,
flüchte nicht vor ihnen;
ich stelle mich,
lebe
die Realität

Ich liebe mich
und lasse mich lieben

Ich lebe
meine Fröhlichkeit,
meine Ausgelassenheit,
meine Freude

Ich empfinde
Liebe
so stark

Ich genieße
Nähe
so stark

Ich genieße
deine Nähe
so stark

Ich empfinde
Freiheit,

Ferne
genauso intensiv

Stärke
wie
Schwäche

Erdung
wie Lösung,
Enge
wie Weite

Verharren
wie Schweben

Tragen
wie Getragenwerden

Bequemlichkeit
wie Unbequemlichkeit

Freude
wie Trauer

Mut
wie Verzagtheit

Ich funktioniere
nur ein bisschen

Viel mehr
lebe ich
heute
jetzt

Selbstverständlichkeiten

Ist es
selbstverständlich,
keinen Krieg zu haben,
Angst um seine Kinder,
Angst, aus dem Haus zu gehen,
traumatisiert zu werden
und keine Schuld daran zu haben?

Ist es
selbstverständlich,
mitbestimmen
zu dürfen,
von wem man regiert wird?

Ist es
selbstverständlich,
Arbeit zu haben,
von der man
gut leben kann?

Ist es
selbstverständlich,
Zugang zu Bildung
zu haben?

Ist es
selbstverständlich,
jeden Tag
gesundes, klares Wasser
trinken zu dürfen?

Ist es
selbstverständlich,
seine Wäsche
mit Trinkwasser
zu waschen?

Ist es
Selbstverständlich,
morgens
vor dem Kleiderschrank,
vor dem Schuhschrank
zu stehen
und nicht zu wissen,
was man anziehen soll,
weil die Auswahl
zu groß ist?

Das alles
ist bestimmt
nicht selbstverständlich

Deshalb
versuche ich immer,
nicht über Kleinigkeiten
zu jammern

Nicht über diejenigen
zu schimpfen,
für die
das alles
nicht selbstverständlich ist

Deshalb
bin ich
dankbar dafür,
in der glücklichen Lage
zu sein,
das alles zu haben,
und versuche,
es zu genießen

Vielleicht
sollten wir alle
viel dankbarer
für diese
„Selbstverständlichkeiten“
sein

Das wäre
bestimmt fruchtbringender
und vielleicht auch fairer,
als Sündenböcke
für unserer eigene
ungerechtfertigte Unzufriedenheit
zu suchen

Kennst du das Gefühl …

wenn du dich findest,
weil du dich verlierst;
wenn du dich fühlst,
weil du dich spürst?

Wenn du so stark
bist,
weil dein Kopf
stark ist?

Hast du es
nie erlebt,
wie es ist,
wenn man
daran
glaubt,
dass helle Gedanken
Helles anziehen
und dunkle Gedanken
Dunkles?

Ihr sagt,
das ist eine reife Frau,
weil sie alt
ist

Reife hat
für mich
wenig mit Alter
zu tun

Ich habe Menschen erlebt,
die mit 20 Jahren reifer sind
als andere mit 70

Vielleicht
bedeutet reif zu sein
ganz zu sein,
man selbst zu sein,
sich anzupassen,
wenn man es möchte

Sich sonst
aber ganz
zu leben,
frei zu sein,
so frei
wie es auf der Erde
in diesem Leben
eben möglich ist

Vielleicht bedeutet
Reife,
sich zuzugestehen,
auch mal Kind
sein zu dürfen,
kindlich, aber nicht kindisch

Vielleicht bedeutet
reif zu sein
erwachsen zu sein,
ohne darunter zu leiden,
ohne sich zu wünschen,

lieber ein Kind zu sein,
weil Kinder noch
die Wahrheit sagen dürfen

Weil Kinder noch echt
und authentisch sein dürfen,
weil Kinder viel öfter
spontan sind
als wir Erwachsene

Weil Kinder viel mehr lachen
als wir

Wenn das Reife ist,
dann bin ich wohl
eine reife Frau

Bin es geworden,
weil ich es mir so sehr wünschte,
dass ich
mir nun die Freiheit nehme,
so zu sein

Weil es mir dann gut geht,
weil ich dann
glücklich bin

Veränderung und Freiheit

Veränderung
wollen
wir manchmal
nicht zulassen,
weil wir
Angst davor haben

Es ist so bequem,
alles beim Alten
zu belassen

Sich Strukturen –
und seien sie noch so beengend,
freiheitsberaubend,
nichtssagend,
nichts helfend,
gefangen nehmend,
zerstörend –
unterzuordnen,
von ihnen gefangen nehmen
zu lassen

Veränderung
bedeutet
Mut,
Freiheit
und Verantwortung

An Charlie Chaplin

Unverwundbar –
so nennt man
in der Psychologie
Menschen
wie dich

Menschen,
die eine sehr unglückliche
Kindheit hatten,
werden
entweder
sehr gestört
oder
außergewöhnlich erfolgreich

Ich selbst
bezeichne mich
als Menschen,
der eine glückliche
Kindheit hatte

Ich wusste
und weiß nicht,
ob
ich selbst
eine Unverwundbare
bin

Manche
sehr private
Vertrauensbrüche
und extreme Grenzüberschreitungen

haben
meiner Seele
geschadet

Das Leben unterscheidet nicht
zwischen
Glück und Unglück

Irgendwann
bietet dir
das Leben an,
selbst für
dein Glück
zu sorgen

Die Aussage
„Glück ist kein Dauerzustand“
stimmt für mich
nicht mehr

Ich sage:
Glück ist ein Dauerzustand,
wenn man
das Glück nicht definiert,
nicht festlegt,
nicht abhängig macht
von äußeren Dingen
wie Erfolg, Reichtum, Geld,
die sicher auch
ein Bestandteil
unseres irdischen Lebens

sind
und bestimmt einiges leichter machen

Aber mit Glück
haben diese Dinge
wohl kaum etwas
zu tun

Und so freut
es mich immer,
wenn Menschen sagen,
ich heitere sie auf
und bringe sie zum Lachen

Wie gerne bin ich
heute
Clown,
lache, weil es so guttut,
lache
und weiß manchmal nicht einmal
warum

Für meinen Freund R.

Es ist schön,
dich zu treffen,
und tut doch
gleichzeitig weh

Es tut mir weh,
anzusehen,
wie du dein Potenzial vergeudest,
deine Intelligenz,
deine starke Persönlichkeit

Wie du
von Menschen, die dich
eigentlich lieben sollten,
immer wieder für deren Zwecke
benutzt wirst

Ich wünsche es dir so,
dass du den Mut findest,
doch noch
beruflich etwas anderes zu machen,
was deiner Intelligenz
mehr entspricht,
was dich mehr befriedigt
und erfüllt

Ich war damals
bereit, dich dabei
zu unterstützen,
versuche immer noch,
dich darin zu bestärken

Nur umsetzen
musst du es selbst;
ich hoffe sehr,
du wirst es tun

So wie ich
mit 50 Jahren
noch mal durchgestartet bin,
nicht aufgegeben habe,
den schweren Weg
gegangen bin

Jetzt habe ich
meinen Traumberuf,
habe ihn nicht
auf dem üblichen Weg
gefunden

Aber ich habe ihn,
das wünsche ich auch dir,
lieber R.

Gänseblümchen, ich mag dich so

Denn mit dir
kommt auch
der Frühling,
die Sonne,
die meine Nase kitzelt,
meine Sommersprossen
zu neuem Leben erweckt

Die Sonne,
die meine Haut wärmt und bräunt,
mein Gemüt erhellt,
meine Seele singen lässt,
mich glücklich
und fröhlich macht

Gänseblümchen,
ich mag dich so

Du leuchtest
mit der Sonne
um die Wette,
versteckst dich
zwischen Grashalmen,
erfreust mich jeden Tag

Gänseblümchen,
ich mag dich so

Warum musst
auch du verblühen?

Du musst verblühen,
um mich im neuen Frühling
wieder zu erfreuen,
mich glücklich,
leicht und fröhlich
zu machen

Gänseblümchen,
ich mag dich so

Morgenstund

Wie gern hab ich
die frühen Morgenstunden;
mein Garten
noch halb
in Dämmerlicht getaucht;
ich
soeben aus Morpheus' Armen
erwacht

Das wunderbare
Vogelkonzert,
noch nicht übertönt
von menschengemachten
Stadtgeräuschen

Die Luft
rein und klar,
der Himmel,
der sich noch
nicht traut,
in klarem Blau
zu strahlen

Welchen Zauber
hat diese Zeit
zwischen Nacht und Tag

Sie macht mich
glücklich, fröhlich
und gibt mir Energie
für alles, was mich
an diesem Tag
erwartet

Heile Welt

Übersensibel,
„verrückt“,
dich „einsperren“,
weil sie dir helfen
wollen

Sie können dir nicht helfen,
weil Liebe nichts mit Abhängigkeit
zu tun hat,
Zucht und Ordnung
keine Erziehungsmittel sind

Es gibt Menschen,
die hassen es, brav zu sein,
die lieben es, böse und ekelhaft
und ungehalten und zügellos
und ungehemmt
und leidenschaftlich zu sein

Das sind die Freiheitsliebenden,
Nichtbeugsamen,
Ungezähmten,
Nichtmanipulierbaren,
sich nicht überzeugen
und verführen Lassenden

Sich nicht
verbiegen,
verbrauchen,
verarbeiten,
bearbeiten
Lassenden

Die Ausnutzbaren,
Nichtsnutzigen,
Nichtliebesfähigen,
Nichtanständigen,
nicht perfekt Könnenden,
die manchmal so gar nicht Funktionierenden,
die Hinterfragenden,
die nicht jederzeit zur Verfügung Stehenden,
die nicht zu allem
Nickenden und Ja-Sagenden

Die soo traumhaft,
soo supertoll
aussehenden Menschen
und die Höchstleistungen Bringenden,
die immer nach Besserem, Höherem, Weiterem Strebenden,
Menschen, die soo gute Bürger,
soo gute Katholiken
soo perfekte und gute Hausfrauen sind

Die soo viel Drama, soo viel Normalität
brauchen,
weil dann ja alles
in Ordnung ist

Alles bestens,
ihr habt soo einen guten Posten,
seid soo eine angesehene Persönlichkeit,
soo erfolgreich etabliert und gut situiert

Manchmal hasse ich all diese Soos,
soo glücklich

und soo echt
und soo gut und soo selbstlos
Denn ich kann mich sehr wohl
auf meine Gefühle verlassen,
sie helfen mir oft besser
als der immer soo wichtige Kopf und Verstand

Denn man darf nicht kopflos,
man darf nicht hemmungslos,
man sollte nicht kritisch und unzufrieden,
man darf nicht selbstständig denkend,
man muss immer friedlich und immer freundlich
und gut aufgelegt immer angepasst
und zufrieden und dankbar sein

Lange hab ich
in dieser heilen Welt
gelebt,
doch dann
mit Wehmut und Bedauern
festgestellt,
dass ich dort
nicht glücklich sein kann

Nun beginne ich
konsequent und hartnäckig,
Schritt für Schritt,
dabei manchmal
etwas müde werdend,
an meiner eigenen Welt
zu bauen,
und dort bin ich glücklicher

Intensität

Manchmal
zieht das Leben
an mir vorbei

Hinter einer Glasscheibe
bin ich Beobachterin,
beinahe unbeteiligt,
gefühllos
sehe ich, wie alles
geschieht

Wieder ein Tag
zum Abreißen am Kalender,
nichts gefühlt,
nichts erlebt

Manchmal
fühlt sich
das Leben
so gut an,
aufregend,
spannend,
voller Überraschungen;
ich bin nicht Statist,
ich bin mittendrin

Manchmal
stecke ich so in allem fest,
bin aufgewühlt, verwirrt,
überfordert,

zu sehr verstrickt
in Dinge, die –
richtig überlegt –
gar nicht meine sind

Es fühlt sich
falsch an, geschmacklos,
und ich wünsche mir,
Statist zu sein,
Beobachter,
sehne mir
die Glaswand herbei

Immer öfter aber
bin ich einfach ich,
bin weder Statist
noch Hauptdarsteller,
nehme keine Rollen an,
die nicht meine sind,
die ich nicht haben will

Lebe so,
wie es sich gut anfühlt,
und bin
zufrieden
und bin
glücklich